**BENVENUTO NEL CENTRO CURA
RICERCATO E IMBALLATO**

SCRITTURA
INTENSIVA

&

CORSO DI
EDITORIA

DEL

ASSOCIAZIONE SCRITTORI CRISTIANI NUOVA DIMENSIONE –

UNA DIVISIONE DELLA NUOVA DIMENSIONE CHAPLAINS INITIATIVE INC

SEDE:
LAGOS, NIGERIA.

PROFILI DEL CORSO PER GLI ALTAMENTE RICERCATI
CORSO INTENSIVO DI SCRITTURA ED EDITORIA

Corso 1: Le basi della scrittura

Questo corso tratterà i fondamenti della scrittura, come la grammatica, la punteggiatura e lo stile. Gli studenti impareranno a scrivere frasi e paragrafi chiari, concisi e coinvolgenti. Impareranno anche come strutturare la loro scrittura in modo logico.

Corso 2: Sviluppo del personaggio

Questo corso si concentrerà sulla creazione di personaggi credibili e memorabili. Gli studenti impareranno come sviluppare i retroscena, le motivazioni e le personalità dei loro personaggi. Impareranno anche come scrivere dialoghi che siano naturali e credibili.

Corso 3: Trama e struttura

Questo corso insegnerà agli studenti come creare una trama avvincente e strutturare la loro storia in modo da coinvolgere i lettori. Gli studenti impareranno come creare conflitto, suspense e risoluzione. Impareranno anche come utilizzare la prefigurazione e altri espedienti letterari per creare un senso di mistero e intrigo.

Corso 4: Costruzione del mondo

Questo corso
insegnerà agli
studenti come creare
un mondo credibile e
coinvolgente per le
loro storie. Gli
studenti impareranno
come creare mappe,
culture e religioni per
i loro mondi.
Impareranno anche
come usare il
linguaggio per creare

un senso del luogo e dell'atmosfera.

Corso 5: Auto-editing

Questo corso insegnerà agli studenti come modificare la propria scrittura per chiarezza, grammatica e stile. Gli studenti impareranno come identificare e correggere gli errori nella loro scrittura. Impareranno anche come migliorare la loro scrittura utilizzando verbi più forti, immagini più vivide e un linguaggio più conciso.

Corso 6: Marketing e Promozione

Questo corso insegnerà agli studenti come commercializzare e promuovere i loro libri. Gli studenti impareranno come creare un sito Web, creare un pubblico e vendere i loro libri.

Impareranno anche come utilizzare i social media per promuovere i loro libri.

Questi sono solo alcuni esempi di schemi di corsi per autori in erba. I corsi specifici che offri dipenderanno dai tuoi interessi e dalle tue competenze.

Tuttavia, questi corsi ti forniranno una buona base sulle basi della scrittura e del marketing.

Oltre a questi corsi, gli studenti dovrebbero prendere parte a una serie di workshop o programmi di tutoraggio per autori di bestseller. Questo è un ottimo modo per fornire guida e supporto individuali agli aspiranti scrittori.

Spero che aiuti!

ANTOLOGIE, ECC.

LIBRI A BASSO CONTENUTO

- LIBRI DI ESERCIZI
- MANUALI
- RIVISTE
- DIARI E DIARIO DI BORDO.

- **ADATTAMEN TI**
- **SERIE ABBREVIATE , ECC**

BIOGRAFIA S

Ci sono molti vantaggi nel pubblicare biografie. Ecco qui alcuni di loro:

Documentare la storia: le biografie possono documentare la vita di persone ed eventi importanti, preservando le loro storie per le generazioni future. Ciò può essere particolarmente utile per le persone che hanno dato un contributo significativo alla società o che hanno vissuto importanti eventi storici.

Ispirare gli altri: le biografie possono ispirare gli altri

mostrando loro come le persone comuni possono realizzare cose straordinarie. Possono anche fornire approfondimenti sulle sfide e sui trionfi della vita, il che può essere utile per le persone che stanno affrontando le proprie sfide. Educare i lettori: le biografie possono educare i lettori su culture, periodi di tempo e stili di vita diversi. Possono anche fornire approfondimenti sulla condizione umana, che possono aiutare i lettori a comprendere meglio se stessi e gli altri. Intrattenere i lettori: le biografie possono essere divertenti oltre

che educative.
Possono
raccontare storie
affascinanti e
informative.
Questo li rende un
ottimo modo per
conoscere il
mondo godendosi
allo stesso tempo
una buona lettura.

Promuovere il cambiamento sociale: le biografie possono promuovere il cambiamento sociale evidenziando le storie di persone che hanno combattuto per la giustizia e l'uguaglianza. Possono anche aumentare la consapevolezza su questioni importanti e ispirare gli altri ad agire.

Nel complesso, le biografie offrono una serie di

vantaggi. Possono documentare la storia, ispirare gli altri, educare i lettori, intrattenere i lettori e promuovere il cambiamento sociale. Se sei interessato a scrivere una biografia, ti incoraggio a farlo. Può essere un'esperienza gratificante che andrà a beneficio sia di te che dei tuoi lettori.

1.2. CHE COS'È LA SCRITTURA DI LIBRI?

1.3. QUALI SONO LE PARTI PIÙ IMPORTANTI DI UN LIBRO?

Le parti più importanti di un libro sono quelle che mantengono il lettore coinvolto e

interessato.
Questo può
variare a seconda
del genere del
libro, ma alcuni
elementi comuni
importanti nella
maggior parte dei
libri includono:

La trama: La
trama è la spina

dorsale di ogni libro. È la storia che racconta il libro, ed è ciò che spinge il lettore a voltare le pagine. La trama dovrebbe avere un buon ritmo, con abbastanza colpi di scena da indurre il lettore a indovinare.

I personaggi: I personaggi sono le persone che abitano il mondo del libro. Sono quelli con cui il lettore si connetterà, quindi è importante renderli ben sviluppati e facilmente riconoscibili. I personaggi dovrebbero avere obiettivi e motivazioni chiari e dovrebbero affrontare sfide che il lettore possa fare il tifo per farli superare.

L'ambientazione: l'ambientazione è il mondo in cui è ambientato il libro. Può essere un luogo reale o immaginario, ma dovrebbe essere ben descritto in modo che il lettore possa immaginarselo nella propria mente. Anche l'ambientazione dovrebbe essere attinente alla trama e ai personaggi e dovrebbe contribuire a creare un senso di atmosfera.

Lo stile di scrittura: Lo stile di scrittura è il modo in cui è scritto il libro. È la voce dell'autore, ed è ciò che renderà il libro unico. Lo stile di scrittura dovrebbe essere chiaro, conciso e coinvolgente. Dovrebbe anche essere appropriato per il genere del libro.

I temi: I temi sono i messaggi sottostanti del libro. Sono ciò che il libro cerca di dire sul mondo. I temi dovrebbero essere chiari e ben sviluppati e dovrebbero essere pertinenti alla trama e ai personaggi.

Queste sono solo alcune delle parti più importanti di un libro. Gli elementi specifici più importanti variano a seconda del genere del libro, ma questi sono alcuni degli elementi essenziali per ogni buon libro.

1.4. QUALI SONO LE CARATTERISTI CHE DI UNA

BUONA COMUNICAZIONE?

Una buona comunicazione è essenziale per il successo in tutti gli ambiti della vita. Ci permette di connetterci con gli altri, condividere le nostre idee e costruire relazioni. Ci sono molte caratteristiche di una buona comunicazione, ma alcune delle più importanti includono:

Chiarezza: una buona

comunicazione è chiara e facile da capire. Il mittente dovrebbe essere in grado di esprimere le proprie idee in un modo che il destinatario possa facilmente comprendere.

Coerenza: una buona comunicazione è coerente e logica. Le idee del mittente dovrebbero fluire senza intoppi e avere un senso.

Concisione: una buona comunicazione è

concisa e va al punto. Il mittente dovrebbe evitare parole o dettagli non necessari.

Pertinenza: una buona comunicazione è pertinente all'argomento in questione. Il mittente dovrebbe evitare di prendere la tangente o di introdurre informazioni irrilevanti.

Accuratezza: una buona comunicazione è accurata e veritiera. Il mittente dovrebbe evitare di fare dichiarazioni false o fuorvianti.

Empatia: una buona comunicazione è empatica e rispettosa dei sentimenti del ricevente. Il mittente dovrebbe essere consapevole di come le sue parole potrebbero essere percepite dal destinatario e adattare la propria comunicazione di conseguenza.

Rispetto: una buona comunicazione è rispettosa e

premurosa nei confronti del punto di vista del ricevente. Il mittente dovrebbe evitare di essere condiscendente o condiscendente.

Apertura: una buona comunicazione è aperta e onesta. Il

mittente dovrebbe essere disposto a condividere i propri pensieri e sentimenti con il destinatario, anche se è difficile parlarne.

Oltre a queste caratteristiche, una buona comunicazione è caratterizzata anche dall'ascolto attivo, dall'attenzione al linguaggio del corpo e dalla consapevolezza del contesto della comunicazione. Seguendo questi principi, puoi migliorare le tue capacità comunicative e

costruire relazioni
più forti con gli altri.

1.5. COME PROTEGGERE IL COPYRIGHT DI UN AUTORE?

Il copyright è un diritto legale che protegge le opere d'autore originali, comprese le opere letterarie, drammatiche, musicali e artistiche, come poesie, romanzi, film, canzoni, software per computer e architettura. Il copyright protegge l'espressione di un'idea, non l'idea stessa.

Negli Stati Uniti la protezione del copyright è automatica. Una volta creata un'opera d'autore, ne possiedi i diritti d'autore. Non è necessario registrare il tuo copyright presso il Copyright Office degli Stati Uniti, ma farlo può fornire alcuni vantaggi aggiuntivi.

Ecco alcuni modi in cui uno scrittore può proteggere il suo diritto d'autore:

Contrassegna il tuo lavoro con il simbolo del copyright (©). Questo non è obbligatorio, ma è un buon modo per far sapere agli altri che il tuo lavoro è protetto da copyright.

Includere un avviso di copyright. Ciò dovrebbe includere il simbolo del copyright, l'anno della prima pubblicazione e il tuo nome.

Conserva una copia del tuo lavoro. Questo ti aiuterà a dimostrare che sei l'autore originale dell'opera.

Registra il tuo diritto d'autore presso l'Ufficio del copyright degli Stati Uniti. Ciò non è obbligatorio, ma può fornire alcuni vantaggi aggiuntivi, come la possibilità di intentare causa per violazione del copyright.

Se ritieni che il tuo copyright sia stato violato, puoi avviare una causa per violazione del copyright. Puoi anche inviare una lettera di cessazione e desistenza al trasgressore, chiedendogli di smettere di utilizzare il tuo lavoro.

Ecco alcuni suggerimenti aggiuntivi per proteggere il tuo copyright:

Mantieni il tuo lavoro al sicuro. Conserva il tuo lavoro in un luogo sicuro e assicurati che solo le persone autorizzate possano accedervi.

Fai attenzione a condividere il tuo lavoro. Prima di condividere il tuo lavoro con chiunque, assicurati di comprendere i termini del contratto di condivisione.

Utilizza filigrane e altre tecniche per proteggere il tuo lavoro online. Ciò può rendere più difficile per le persone copiare il tuo lavoro senza la tua autorizzazione.

Seguendo questi suggerimenti, puoi contribuire a proteggere il tuo copyright e garantire che il tuo lavoro sia protetto.

1.6. QUALI SONO LE CARATTERISTICHE DEL PLAGIO

Il plagio è l'atto di utilizzare il lavoro o le idee di qualcun altro senza dargli credito. È un grave reato accademico che può avere gravi conseguenze.

Le conseguenze del plagio possono variare a seconda della gravità del reato e dell'istituzione in cui avviene. Tuttavia, alcune conseguenze comuni includono:

Fallimento del compito o del corso.

Ricevere un voto negativo sul compito o sul corso.

Essere messo in prova accademica.

Essere espulso da scuola.

Perdere il lavoro o la borsa di studio.

Essere denunciato per violazione di copyright.

Oltre alle conseguenze accademiche, il plagio può avere anche conseguenze professionali e personali. Ad esempio, un plagio può essere inserito nella lista nera di editori o datori di lavoro. Potrebbero anche perdere la fiducia dei loro colleghi e amici.

Ci sono una serie di cose che gli scrittori possono fare per

evitare il plagio.
Questi includono:

Citando correttamente le loro fonti.

Usare le virgolette quando si citano le parole di qualcun altro.

Parafrasare le idee
di qualcun altro con
parole proprie.

Evitare di utilizzare
il lavoro di qualcun
altro senza dargli
credito.

Se non sei sicuro che
qualcosa sia o meno
plagio, è sempre
meglio peccare per
eccesso di cautela e

citare le tue fonti. Seguendo questi suggerimenti, puoi contribuire a evitare il plagio e proteggere la tua reputazione accademica e professionale.

Ecco alcuni suggerimenti

aggiuntivi per evitare il plagio:

Fai attenzione all'utilizzo di fonti online. Non tutte le fonti online sono affidabili e alcune potrebbero contenere contenuti plagiati.

Utilizza un controllo antiplagio. Sono disponibili online

numerosi strumenti per il controllo del plagio che possono aiutarti a identificare il plagio nel tuo lavoro.

Chiedi aiuto a un bibliotecario o a un tutor di scrittura. Bibliotecari e tutor di scrittura possono aiutarti a comprendere il plagio ed evitarlo nel tuo lavoro.

Seguendo questi suggerimenti, puoi contribuire a garantire che il tuo lavoro sia originale ed evitare il plagio.

CORSO 2

SVILUPPO DEL LIBRO

I VANTAGGI DI SCRIVERE DA SOLI

VANTAGGI DI UTILIZZARE FREELANCES

VANTAGGI DELL'UTILIZZO DELL'INTELLIGENZ A ARTIFICIALE

Velocità: l'intelligenza artificiale può scrivere un libro molto più velocemente di uno scrittore umano. Questo può essere un grande vantaggio se hai una scadenza ravvicinata o se devi produrre un grande volume di contenuti.

Precisione: l'intelligenza artificiale può essere molto accurata nella sua scrittura. Questo perché è addestrato su grandi set di dati di testo e codice, che gli consentono di apprendere i modelli del linguaggio umano.

Originalità: l'intelligenza artificiale può generare contenuti originali che non siano plagiati. Questo perché non è limitato dagli stessi vincoli degli scrittori umani.

Creatività: l'intelligenza artificiale può essere creativa nella sua scrittura. Questo perché può generare nuove idee e concetti che gli scrittori umani potrebbero non aver considerato.

Svantaggi:

Mancanza di tocco umano: il testo generato dall'intelligenza artificiale a volte può mancare del tocco umano che rende la scrittura coinvolgente

e interessante.
Questo perché
l'intelligenza
artificiale non è in
grado di
comprendere le
sfumature del
linguaggio e della
cultura umana nello
stesso modo in cui
può farlo uno
scrittore umano.

Bias: l'intelligenza
artificiale può essere
distorta nella sua
scrittura. Questo
perché è addestrato
su set di dati che
potrebbero contenere
errori. Ad esempio, se
un'intelligenza
artificiale viene
addestrata su un set
di dati di testo scritto

principalmente da uomini, potrebbe essere più probabile che generi testo sbilanciato a favore degli uomini.

Costo: il testo generato dall'intelligenza artificiale può essere costoso da produrre. Questo perché richiede l'uso di computer potenti e software specializzato.

In definitiva, la decisione se chiedere o meno a un'intelligenza artificiale di scrivere un libro per te è personale. Ci sono sia vantaggi che svantaggi da considerare e l'opzione migliore per te dipenderà dalle tue esigenze e obiettivi specifici.

Ecco alcune cose aggiuntive da considerare quando decidi se chiedere o meno a un'intelligenza

artificiale di scrivere
un libro per te:

Il tipo di libro che
desideri scrivere:
alcuni tipi di libri
sono più adatti al
testo generato
dall'intelligenza
artificiale rispetto ad
altri. Ad esempio, il
testo generato
dall'intelligenza

artificiale può essere adatto per libri di saggistica o per libri che richiedono molte ricerche. Tuttavia, il testo generato dall'intelligenza artificiale potrebbe non essere adatto ai libri di narrativa o ai libri che richiedono molta creatività.

Il tuo budget: il testo generato dall'intelligenza artificiale può essere costoso da produrre. Se hai un budget limitato, potresti prendere in considerazione altre opzioni, come assumere uno scrittore umano o autopubblicare il tuo libro.

Le tue preferenze personali: alcune persone preferiscono il tocco umano di uno scrittore umano, mentre altre si sentono più a loro agio con il testo generato dall'intelligenza artificiale. In definitiva, la decisione se chiedere o meno a un'intelligenza artificiale di scrivere un libro per te è personale.

Velocità: l'intelligenza artificiale può scrivere un libro

molto più velocemente di uno scrittore umano. Questo può essere un grande vantaggio se hai una scadenza ravvicinata o se devi produrre un grande volume di contenuti.

Precisione: l'intelligenza artificiale può essere

molto accurata nella sua scrittura. Questo perché è addestrato su grandi set di dati di testo e codice, che gli consentono di apprendere i modelli del linguaggio umano.

Originalità: l'intelligenza artificiale può

generare contenuti originali che non siano plagiati. Questo perché non è limitato dagli stessi vincoli degli scrittori umani.

Creatività: l'intelligenza artificiale può essere creativa nella sua scrittura. Questo perché può generare

nuove idee e concetti
che gli scrittori
umani potrebbero
non aver considerato.

Svantaggi:

Mancanza di tocco
umano: il testo
generato
dall'intelligenza

artificiale a volte può mancare del tocco umano che rende la scrittura coinvolgente e interessante. Questo perché l'intelligenza artificiale non è in grado di comprendere le sfumature del linguaggio e della cultura umana nello stesso modo in cui può farlo uno scrittore umano.

Bias: l'intelligenza artificiale può essere distorta nella sua scrittura. Questo perché è addestrato su set di dati che potrebbero contenere errori. Ad esempio, se un'intelligenza artificiale viene addestrata su un set di dati di testo scritto principalmente da uomini, potrebbe essere più probabile che generi testo sbilanciato a favore degli uomini.

Costo: il testo generato

dall'intelligenza
artificiale può essere
costoso da produrre.
Questo perché
richiede l'uso di
computer potenti e
software specializzati.

In definitiva, la
decisione se chiedere
o meno a
un'intelligenza

artificiale di scrivere un libro per te è personale. Ci sono sia vantaggi che svantaggi da considerare e l'opzione migliore per te dipenderà dalle tue esigenze e obiettivi specifici.

Ecco alcune cose aggiuntive da considerare quando decidi se chiedere o meno a un'intelligenza artificiale di scrivere un libro per te:

Il tipo di libro che desideri scrivere: alcuni tipi di libri sono più adatti al testo generato dall'intelligenza artificiale rispetto ad altri. Ad esempio, il testo generato dall'intelligenza artificiale può essere adatto per libri di saggistica o per libri che richiedono molte ricerche. Tuttavia, il testo generato dall'intelligenza artificiale potrebbe non essere adatto ai libri di narrativa o ai libri che richiedono molta creatività.

Il tuo budget: il testo generato dall'intelligenza artificiale può essere costoso da produrre.

Se hai un budget limitato, potresti prendere in considerazione altre opzioni, come assumere uno scrittore umano o autopubblicare il tuo libro.

Le tue preferenze personali: alcune persone preferiscono

il tocco umano di uno scrittore umano, mentre altre si sentono più a loro agio con il testo generato dall'intelligenza artificiale. In definitiva, la decisione se chiedere o meno a un'intelligenza artificiale di scrivere un libro per te è personale.

COSA FARE DOPO AVER UTILIZZATO L'INTELLIGENZA ARTIFICIALE?

Sono molti gli input che un autore può apportare dal punto di vista umano dopo che l'intelligenza artificiale ha scritto un libro per lui.

Ecco alcuni degli input che un autore può apportare:

Fornire feedback sul contenuto: l'autore può fornire feedback sul contenuto del libro, inclusi trama, personaggi e dialoghi.

Aggiungi le proprie intuizioni: l'autore può aggiungere le proprie intuizioni ed esperienze al libro, il che può aiutare a renderlo più coinvolgente e riconoscibile per i lettori.

Personalizza il libro: l'autore può personalizzare il libro aggiungendo la propria voce e prospettiva. Questo può essere fatto aggiungendo aneddoti personali, riferimenti alla propria vita o scrivendo in uno stile coerente con il proprio stile di scrittura.

Modifica e rivede il libro: l'autore può modificare e rivedere il libro per garantire che sia ben scritto e privo di errori.

Commercializzare e promuovere il libro: l'autore può commercializzare e promuovere il libro per aiutarlo a raggiungere un pubblico più ampio.

Nel complesso, ci sono molti modi in cui un autore può aggiungere il proprio tocco umano a un libro scritto dall'intelligenza artificiale. Fornendo feedback, aggiungendo le proprie intuizioni, personalizzando il libro, modificando e rivedendo, commercializzando e promuovendo il libro, l'autore può contribuire a creare un libro che sia allo stesso tempo coinvolgente e informativo.

Ecco alcuni suggerimenti aggiuntivi per gli autori che lavorano con l'intelligenza artificiale per scrivere un libro:

Sii chiaro sui tuoi obiettivi e aspettative: prima di iniziare a lavorare con l'intelligenza artificiale, è importante essere chiari sui tuoi obiettivi e aspettative per il libro. Che tipo di libro vuoi scrivere? Qual è il tuo pubblico target e gli obiettivi per il libro? Una volta che sai cosa vuoi ottenere, puoi iniziare a lavorare con l'intelligenza artificiale per creare un libro che soddisfi le tue esigenze.

Sii aperto al feedback: l'intelligenza artificiale può essere un ottimo strumento per generare idee e contenuti, ma è importante essere aperti al feedback degli scrittori umani. Gli scrittori umani possono aiutare a identificare le aree in cui il testo generato dall'intelligenza artificiale necessita di miglioramenti e possono anche contribuire a rendere il libro più coinvolgente e facilmente riconoscibile per i lettori.

Sii paziente: scrivere un libro è un processo lungo e impegnativo, anche con l'aiuto dell'intelligenza artificiale. È importante essere pazienti e concedersi il tempo per lavorare sul libro. Con tempo e impegno, puoi creare un libro che sia allo stesso tempo coinvolgente e informativo.

CORSO 3

IL MODO MIGLIORE PER SCRIVERE UN LIBRO?

Non esiste una risposta valida per tutti a questa domanda, poiché il modo migliore per scrivere un libro varia a seconda del processo di scrittura e delle preferenze individuali dell'autore. Tuttavia, ci sono alcuni suggerimenti generali che possono aiutare

gli autori a scrivere
un libro in modo
efficace.

Ecco alcuni dei modi
migliori per scrivere
un libro:

Scegli un argomento che ti appassiona. Scrivere un libro richiede molto lavoro, quindi è importante scegliere un argomento che ti appassiona. Ciò renderà il processo di scrittura più piacevole e avrai maggiori probabilità di seguirlo fino alla fine.

Fai le tue ricerche.
Una volta scelto un
argomento, è
importante fare la tua
ricerca. Questo ti
aiuterà a raccogliere
informazioni e idee
per il tuo libro. Puoi
fare ricerche
leggendo libri,
articoli e siti web o
intervistando persone
competenti sul tuo
argomento.

Descrivi il tuo libro.
Uno schema può
aiutarti a organizzare
i tuoi pensieri e le tue
idee prima di iniziare
a scrivere. Può anche
aiutarti a rimanere in
linea mentre scrivi il
tuo libro. Esistono
molti modi diversi
per strutturare un
libro, quindi trova
quello più adatto a te.

Inizia a scrivere! Una volta che hai fatto le tue ricerche e delineato il tuo libro, è ora di iniziare a scrivere. Il modo migliore per iniziare è semplicemente sedersi e iniziare a scrivere. All'inizio **non preoccuparti di renderlo perfetto, metti semplicemente i**

tuoi pensieri su carta. Puoi sempre tornare indietro e modificare in seguito.

Stabilisci obiettivi realistici. Scrivere un libro può essere un compito arduo, quindi è importante stabilire obiettivi realistici per te stesso . Non provare a scrivere l'intero libro in una sola volta. Stabilisci invece piccoli obiettivi, come scrivere 500 parole al giorno.

Fai delle pause. Scrivere può richiedere molto lavoro, quindi è importante fare delle pause. Alzati e muoviti, oppure prenditi qualche minuto per rilassarti e schiarirti le idee. Questo ti aiuterà a rimanere concentrato e produttivo.

Ottieni feedback. Dopo aver scritto una bozza del tuo libro, è utile ricevere feedback dagli altri. Questo può aiutarti a identificare eventuali aree che necessitano di miglioramenti. Puoi ricevere feedback da amici, familiari o lettori beta.

Modifica e rivedi.
Una volta ottenuto un feedback sul tuo libro, è il momento di modificarlo e rivederlo. Qui è dove perfezionerai la tua scrittura e ti assicurerai che il tuo libro sia il migliore possibile.

Pubblica il tuo libro.
Una volta che sei
soddisfatto del tuo
libro, è ora di
pubblicarlo. Esistono
molti modi diversi
per pubblicare un
libro, quindi trova
quello più adatto a te.

Seguire questi suggerimenti può aiutarti a scrivere un libro che sia informativo e piacevole da leggere.

Ecco alcuni suggerimenti aggiuntivi che potresti trovare utili:

Trova una comunità di scrittori. Esistono molte comunità di scrittori online e offline che possono fornire supporto e incoraggiamento. Unirsi a una comunità di scrittori può aiutarti a rimanere motivato e a imparare da altri scrittori.

Non arrenderti. Scrivere un libro richiede molto lavoro, ma è anche molto gratificante. Non rinunciare al tuo sogno di scrivere un libro. Continua a scrivere e alla fine raggiungerai il tuo obiettivo.

COME GESTIRE IL BLOCCO DELLO SCRITTORE?

Il blocco dello scrittore è un problema comune che può colpire chiunque scriva. Può essere frustrante e scoraggiante, ma ci sono modi per evitarlo e gestirlo.

Ecco alcuni suggerimenti su come evitare il blocco dello scrittore:

Prenditi del tempo per scrivere regolarmente. Anche se non hai voglia di scrivere, prova a riservare un po' di tempo ogni giorno per scrivere. Questo ti aiuterà a mantenere l'abitudine di scrivere e a ridurre le probabilità di rimanere bloccato. Scrittura gratuita. La scrittura libera è un ottimo modo per far fluire i tuoi pensieri ed evitare di rimanere bloccato su un'idea particolare. Inizia semplicemente a scrivere qualunque cosa ti venga in mente, senza preoccuparti della grammatica o dell'ortografia. Brainstorming. Il brainstorming è un altro ottimo modo per far fluire i tuoi succhi creativi. Annota tutte le idee che ti vengono in mente, non importa quanto sembrino folli. Puoi sempre tornare indietro e modificarli in seguito. Leggere. La lettura può aiutarti a trarre ispirazione e ad apprendere nuove tecniche di scrittura. Leggi libri, articoli e post di blog correlati al tuo argomento di scrittura.

Fai delle pause. Se ti ritrovi bloccato,

prenditi una pausa dalla scrittura. Vai a fare una passeggiata, ascolta musica o fai qualcos'altro che ti piace. A volte, il modo migliore per sbloccarsi è semplicemente fare un passo indietro.

Ecco alcuni suggerimenti su come

gestire il blocco dello scrittore:

Niente panico. Il blocco dello scrittore è un problema comune e non significa che sei un cattivo scrittore. Rilassati e fai dei respiri profondi. Cambia il tuo ambiente. Se ti senti bloccato, prova a cambiare il tuo ambiente. Vai in un posto diverso per scrivere o prova a scrivere in un momento diverso della giornata. Scrivi di qualcos'altro. Se sei davvero bloccato su un'idea particolare, prova a scrivere di qualcos'altro. A volte, scrivere di qualcos'altro può aiutarti a far fluire di nuovo i tuoi succhi creativi.

Parlare con qualcuno. Se stai davvero lottando, parlane con qualcuno. Un amico, un familiare o un coach di scrittura può offrire supporto e consigli.

Ricorda, il blocco
dello scrittore è
temporaneo.
Continua a scrivere e
alla fine sarai
sbloccato.

COME SCRIVERE UNA FILMSCRIPT?

Ci sono molti
passaggi coinvolti
nella scrittura di una
sceneggiatura

cinematografica, ma
ecco alcuni
suggerimenti di base:

Inizia con un
concetto forte. Qual è
l'idea di base del tuo
film? Qual è la storia
che vuoi raccontare?
Una volta che hai un
concetto forte, puoi
iniziare a sviluppare i
personaggi, la trama
e l'ambientazione.

Crea personaggi ben sviluppati. I tuoi personaggi sono il cuore del tuo film, quindi è importante creare personaggi credibili e riconoscibili. Fornisci loro retroscena, motivazioni e personalità che li rendano vivi sulla pagina.

Crea una trama avvincente. La trama è la spina dorsale del tuo film, quindi è importante creare una trama che sia emozionante e coinvolgente. La trama dovrebbe avere un inizio, una parte centrale e una fine chiari e dovrebbe includere conflitto,

suspense e
risoluzione.
Scrivi dialoghi
credibili. Il dialogo è
uno degli aspetti più
importanti di
qualsiasi
sceneggiatura
cinematografica,
quindi è importante
scrivere dialoghi che
siano naturali e
credibili. Il dialogo
dovrebbe aiutare a far

avanzare la trama e rivelare le motivazioni dei personaggi. Formatta correttamente lo script. Esistono linee guida di formattazione specifiche che devi seguire quando scrivi la sceneggiatura di un film. Queste linee guida varieranno a seconda del formato che stai utilizzando, ma è importante seguirle attentamente in modo che lo script sia facile da leggere e comprendere. Ottieni feedback dagli altri. Una volta che hai una bozza della sceneggiatura, è importante ottenere feedback dagli altri. Questo ti aiuterà a identificare eventuali aree che necessitano di miglioramenti. Rivedi e modifica il tuo script. Una volta ricevuto il feedback, dovrai rivedere e modificare il tuo script. Questo è un passaggio importante, poiché ti aiuterà a migliorare la qualità

complessiva del tuo
script.

Ecco alcuni
suggerimenti
aggiuntivi per
scrivere la
sceneggiatura di un
film:

Leggi altre
sceneggiature di film.
Uno dei modi
migliori per imparare

a scrivere la
sceneggiatura di un
film è leggere altre
sceneggiature di film.
Questo ti darà una
buona comprensione
del formato e della
struttura della
sceneggiatura di un
film.
Guardare film. Un
altro ottimo modo
per imparare a
scrivere la

sceneggiatura di un film è guardare i film. Presta attenzione al modo in cui viene raccontata la storia, ai personaggi vengono sviluppati e ai dialoghi scritti. Segui un corso di sceneggiatura. Se sei seriamente intenzionato a scrivere la sceneggiatura di un film, potresti voler frequentare un corso di sceneggiatura. Questo ti darà l'opportunità di imparare da sceneggiatori esperti e ottenere feedback sul tuo lavoro.

Scrivere la sceneggiatura di un film può richiedere molto lavoro, ma può anche essere molto divertente. Se sei disposto a impegnarti, puoi creare una sceneggiatura per un film che avrà successo.

Corso 3:

CORSO 4

COSTRUZIONE DEL MONDO

PRESTARE ATTENZIONE A QUANTO SEGUE:

1. PUBBLICO DESTINATO
2. NICCHIA
3. GENERE

CORSO 5

AUTOMODIFICA

5.1. APP DI MODIFICA

Sono disponibili molte app di editing, ma ecco alcune delle più popolari e apprezzate:

Adobe Premiere Pro: si tratta di un'app di editing video di livello professionale utilizzata da molti studi di Hollywood. È un'app potente che offre una vasta gamma di funzionalità, ma può essere piuttosto complessa da imparare.

Final Cut Pro X: questa è una popolare app di editing video per utenti Mac. È noto per la sua interfaccia intuitiva e le sue potenti funzionalità.

DaVinci Resolve: è un'app di editing

video gratuita e open source che sta diventando sempre più popolare. Offre una vasta gamma di funzionalità e viene costantemente aggiornato con nuove funzionalità.

Lightworks : è un'app di editing video di livello

professionale nota per la sua stabilità e facilità d' uso. È una buona opzione per gli utenti che cercano un'app potente e facile da imparare.

HitFilm Express: questa è un'app di editing video gratuita che offre una vasta gamma di funzionalità. È una buona opzione per gli utenti che cercano un'app potente senza il prezzo elevato.

Queste sono solo alcune delle tante app di editing disponibili. La migliore app per te dipenderà dalle tue esigenze e preferenze specifiche.

Se sei un principiante, ti consiglio di iniziare con un'app più semplice come Lightworks o HitFilm Express. Una volta apprese le nozioni di base, puoi passare a un'app più complessa come Adobe

Premiere Pro o Final Cut Pro X.

Ecco alcuni fattori aggiuntivi da considerare quando si sceglie un'app di editing:

Il tuo budget: alcune app di editing sono gratuite, mentre altre possono essere piuttosto costose.

Il tuo sistema operativo: alcune app di modifica sono disponibili solo per Windows, mentre altre sono disponibili solo per Mac.

Il tuo livello di esperienza: se sei un principiante, avrai bisogno di un'app facile da imparare. Se hai più esperienza, potresti desiderare un'app con più funzionalità.

Il tipo di progetti su cui vuoi lavorare: alcune app di modifica sono più adatte per determinati tipi di progetti rispetto ad altri. Ad esempio, se desideri modificare video, avrai bisogno di un'app progettata per l'editing video.

CORSO 6

PUBBLICAZIONE

EDITORIA TRADIZIONALE

EDITORIA INDIETRO

AMPIA PUBBLICAZIONE

STAMPA SU RICHIESTA

PAROLE CHIAVE E CATEGORIE DELL'EDITORIA

Le parole chiave e le categorie sono importanti nella pubblicazione perché aiutano i lettori a trovare il tuo lavoro. Quando qualcuno cerca una parola chiave o una categoria, il tuo lavoro apparirà nei risultati di ricerca se contiene quelle parole chiave o categorie. Ciò significa che è più probabile che tu venga trovato da potenziali lettori.

Ecco alcune informazioni sull'importanza delle parole chiave e delle categorie nella pubblicazione:

Aiuta i lettori a trovare il tuo lavoro: quando qualcuno cerca una parola chiave o una categoria, il tuo lavoro apparirà nei risultati di ricerca se contiene quelle parole chiave o categorie. Ciò significa che è più probabile che tu venga trovato da potenziali lettori. Migliora la tua rilevabilità: parole chiave e categorie possono aiutarti a migliorare la tua rilevabilità sui motori di ricerca e altre piattaforme. Ciò significa che è più probabile che il tuo lavoro venga visto da persone interessate agli argomenti di cui scrivi.

Aumenta il tuo numero di lettori: utilizzando le parole chiave e le categorie giuste, puoi aumentare il tuo numero di lettori e raggiungere un pubblico più ampio. Ciò può portare a maggiori vendite, download e altri vantaggi.

Aiutarti a raggiungere il tuo pubblico: parole chiave e categorie possono aiutarti a raggiungere il tuo pubblico. Ciò significa che puoi concentrare i tuoi sforzi di marketing sulle persone che hanno maggiori probabilità di essere interessate al tuo lavoro.

Ecco alcuni suggerimenti per scegliere le parole chiave e le categorie giuste per il tuo lavoro:

Pensa al tuo pubblico: per chi stai scrivendo? Quali

sono i loro interessi?
Quali parole chiave
utilizzeranno
probabilmente
durante la ricerca di
informazioni?
Fai la tua ricerca:
utilizza uno
strumento di ricerca
per parole chiave per
trovare le parole
chiave più popolari
per il tuo argomento.

Utilizza una varietà di parole chiave: non utilizzare solo una o due parole chiave. Utilizza una varietà di parole chiave per aumentare le tue possibilità di essere trovato.
Utilizza categorie pertinenti: scegli le categorie pertinenti al tuo argomento. Ciò contribuirà a

migliorare la tua rilevabilità.
Aggiorna regolarmente le tue parole chiave e le tue categorie: man mano che il tuo lavoro si evolve, dovrebbero farlo anche le tue parole chiave e le tue categorie. Assicurati di aggiornarli regolarmente per mantenere

aggiornato il tuo lavoro.

Seguendo questi suggerimenti, puoi scegliere le parole chiave e le categorie giuste per il tuo lavoro e aumentare le tue possibilità di essere trovato dai potenziali lettori.

COME ADATTARE UN CORSO O UN PRENOTATO IN UN FILM

Adattare un corso a un'opera teatrale o a un film può essere un ottimo modo per coinvolgere gli studenti e rendere il materiale più memorabile. Ecco

alcuni suggerimenti
su come farlo:

Inizia identificando i temi e i concetti chiave del corso. Quali sono le cose più importanti che vuoi che gli studenti imparino? Una volta identificati i temi chiave, puoi iniziare a pensare a come drammatizzarli.

Considera il formato dell'opera teatrale o del film. Sarà un'opera teatrale tradizionale, un film o qualcos'altro? Il formato influenzerà il modo in cui adatterai il materiale. Ad esempio, un film ti consentirà di mostrare più azione e dettagli visivi rispetto

a un'opera teatrale
tradizionale.
Pensa ai personaggi.
Chi sono i personaggi
più importanti del
corso? Come puoi dar
loro vita nella
commedia o nel film?
I personaggi
dovrebbero essere
riconoscibili e
coinvolgenti per il
pubblico.

Sviluppa la trama. Come strutturerai la commedia o il film? La trama dovrebbe essere emozionante e coinvolgente, ma dovrebbe anche essere fedele al materiale del corso. Scrivi il dialogo. Il dialogo è uno degli aspetti più importanti di qualsiasi opera teatrale o film.

Dovrebbe essere naturale e credibile e dovrebbe aiutare a far avanzare la trama. Dirigere l'opera teatrale o il film. Una volta scritta la sceneggiatura, devi dirigere l'opera teatrale o il film. Ciò comporta il casting di attori, il blocco delle scene e le prove dello spettacolo o del film.

Adattare un corso a un'opera teatrale o a un film può richiedere molto lavoro, ma può anche essere molto divertente. Se sei disposto a impegnarti, puoi creare uno spettacolo teatrale o un film che coinvolga gli studenti e renda il materiale più memorabile.

Ecco alcuni suggerimenti aggiuntivi per adattare un corso a un'opera teatrale o a un film:

Usa l'impostazione per creare atmosfera e umore. L'ambientazione di

uno spettacolo teatrale o di un film può aiutare a creare una certa atmosfera o stato d'animo. Ad esempio, se stai adattando un corso sull'horror, potresti ambientare la commedia o il film in una casa buia e inquietante.
Usa oggetti di scena e costumi per creare

interesse visivo. Oggetti di scena e costumi possono aiutare a dare vita ai personaggi e all'ambientazione. Ad esempio, se stai adattando un corso di storia, potresti utilizzare costumi d'epoca per aiutare il pubblico a sentirsi come se fosse tornato indietro nel tempo.

Usa la musica e gli effetti sonori per migliorare la drammaticità. La musica e gli effetti sonori possono aiutare a creare suspense, eccitazione o altre emozioni. Ad esempio, se stai adattando un corso d'azione, potresti utilizzare effetti sonori ad alto volume per creare un senso di eccitazione.

Spero che questi suggerimenti ti aiutino ad adattare il tuo corso a uno spettacolo teatrale o a un film.

CORSO 7

MARKETING E PROMOZIONE

Congratulazioni per aver finito il tuo libro!
Commercializzare il tuo libro può essere un compito arduo, ma è importante

ricordare che non sei solo. Sono disponibili molte risorse per aiutarti a promuovere il tuo libro e, con un po' di pianificazione e impegno, puoi raggiungere il tuo pubblico target e vendere il tuo libro.

Ecco alcuni dei miei migliori consigli per un nuovo autore che

vuole
commercializzare il
suo libro:

Inizia presto. Il
momento migliore
per iniziare a
commercializzare il
tuo libro è prima
ancora che venga
pubblicato. Questo ti
darà il tempo di
creare entusiasmo e
buzz sul tuo libro e di

raggiungere
potenziali lettori.
Crea un piano di
marketing efficace. Il
tuo piano di
marketing dovrebbe
includere un
messaggio chiaro sul
tuo libro, un pubblico
target e una sequenza
temporale per la
promozione. Dovresti
anche identificare i
canali migliori per

raggiungere il tuo pubblico di destinazione. Promuovi il tuo libro online. Esistono molti modi per promuovere il tuo libro online, come i social media, l'email marketing e il guest blogging. Dovresti anche creare un sito web per il tuo libro e assicurarti che sia ottimizzato per i motori di ricerca.

Ospitare eventi. Ospitare eventi è un ottimo modo per entrare in contatto con potenziali lettori e creare entusiasmo per il tuo libro. Puoi ospitare presentazioni di libri, letture o conferenze. Ottieni copertura mediatica. Ottenere

una copertura
mediatica per il tuo
libro può aiutarti a
raggiungere un
pubblico più ampio.
Puoi contattare
giornalisti e blogger
per vedere se
sarebbero interessati
a scrivere sul tuo
libro.
Chiedi aiuto alla tua
rete. Fai conoscere il
tuo libro ai tuoi

amici, familiari e colleghi e chiedi loro di aiutarti a spargere la voce. Possono condividere il tuo libro sui social media, consigliarlo ai loro amici e acquistarne copie per sé.

Essere pazientare. Commercializzare il tuo libro richiede tempo e impegno.

Non aspettarti di vedere risultati dall'oggi al domani. Continua così e alla fine inizierai a vedere il tuo libro guadagnare terreno.

Ecco alcuni suggerimenti aggiuntivi che potresti trovare utili: Non esiste una risposta valida per tutti a questa domanda, poiché il modo migliore per lanciare un libro varia a seconda del libro stesso, degli obiettivi dell'autore e del pubblico di destinazione. Tuttavia, ci sono alcuni suggerimenti generali che possono aiutare gli autori a

lanciare i loro libri
con successo.

IL MODO
MIGLIORE PER
LANCIARE UN
LIBRO?

Ecco alcuni dei modi
migliori per lanciare
un libro:

Inizia presto. Il modo
migliore per lanciare

un libro è iniziare a pianificare in anticipo. Questo ti darà il tempo di creare entusiasmo per il libro, raggiungere potenziali lettori e assicurarti la copertura mediatica. Crea un piano di marketing forte. Il tuo piano di marketing dovrebbe includere un messaggio chiaro sul libro, un pubblico target e una sequenza temporale per la promozione. Dovresti anche identificare i canali migliori per raggiungere il tuo pubblico di destinazione. Promuovi il tuo libro online. Esistono molti modi per promuovere il tuo libro online, come i social media, l'email marketing e il guest blogging. Dovresti anche creare un sito web per il tuo libro e assicurarti che sia ottimizzato per i motori di ricerca.

Ospitare eventi. Ospitare eventi è un ottimo modo per entrare in contatto con potenziali lettori e creare entusiasmo per il tuo libro. Puoi ospitare presentazioni di libri, letture o conferenze. Ottieni copertura mediatica. Ottenere una copertura mediatica per il tuo libro può aiutarti a raggiungere un pubblico più ampio. Puoi contattare

giornalisti e blogger per vedere se sarebbero interessati a scrivere sul tuo libro.
Chiedi aiuto alla tua rete. Fai conoscere il tuo libro ai tuoi amici, familiari e colleghi e chiedi loro di aiutarti a spargere la voce. Possono condividere il tuo libro sui social media,

consigliarlo ai loro amici e acquistarne copie per sé.

Seguendo questi suggerimenti, puoi aumentare le tue possibilità di lanciare con successo il tuo libro.

Ecco alcuni suggerimenti

aggiuntivi che
potresti trovare utili:

Crea scalpore. Inizia
a generare
entusiasmo per il tuo
libro prima ancora
che venga lanciato.
Puoi farlo
condividendo estratti
del libro, scrivendo
post sul blog o
rilasciando interviste.

Personalizza la tua promozione. Adatta i tuoi sforzi di marketing al tuo pubblico target. A cosa sono interessati? Quali sono i loro punti deboli? Cosa li spingerà a leggere il tuo libro?

Sii coerente. Non limitarti a promuovere il tuo libro una volta e poi

dimenticartene.
Mantieni lo slancio
condividendo
aggiornamenti sui
social media,
scrivendo post sul
blog e rilasciando
interviste.
Divertiti! Lanciare un
libro richiede molto
lavoro, ma dovrebbe
anche essere
divertente. Quindi
rilassati, goditi il

processo e celebra il successo del tuo libro.

Spero che aiuti!

COS'È UN TOUR NAZIONALE DEL LIBRO?

Un tour nazionale del libro è una serie di eventi in cui un autore si reca in diverse città e paesi per promuovere il proprio libro. Questi eventi possono includere presentazioni di libri, letture, conferenze e interviste. L'obiettivo di un tour nazionale del libro è aumentare la conoscenza del libro e generare vendite.

Le vendite speciali sono un tipo di

promozione generalmente offerta dalle librerie o da altri rivenditori. Queste vendite possono assumere molte forme, come sconti, coupon o omaggi. L'obiettivo delle vendite speciali è attirare nuovi clienti e incoraggiare i clienti esistenti ad acquistare più libri.

La differenza principale tra un tour nazionale del libro e le vendite speciali è che un tour nazionale del libro è un modo più personale e interattivo per promuovere un libro. Quando un autore si reca in una città per firmare un libro, ha l'opportunità di incontrare e interagire con i propri fan. Ciò può aiutare a costruire relazioni con i lettori e a creare un senso di entusiasmo per il libro.

Le vendite speciali, invece, sono un modo più impersonale per promuovere un libro. Non offrono la stessa opportunità agli autori di connettersi con i lettori. Tuttavia, le vendite speciali possono essere un modo molto efficace per generare vendite, soprattutto se ben pubblicizzate.

Ecco una tabella che riassume le principali differenze tra i tour

nazionali dei libri e le
vendite speciali:
il tour nazionale del
librovendite speciali
ScopoPromuovere
    un libroGenerare
vendite
Format   Serie di
eventi in diverse
cittàSconti, coupon,
omaggi
Personalizzazione
    Personale e

interattivaImpersona
le
Efficacia Dipende
dalla popolarità
dell'autore e dalla
qualità del libro
     Può essere molto
efficace se ben
pubblicizzato

Spero che aiuti!

COME ORGANIZZARE UN EVENTO DI FIRMA LIBRI E IN COSA È DIFFERENTE DA UN LANCIO DI LIBRO

Ecco alcuni suggerimenti su come organizzare un evento di firma di libri:

Scegli un luogo. Puoi organizzare la firma del tuo libro in una libreria, in una biblioteca, in un bar o in un altro spazio pubblico. Se organizzi il tuo evento in una libreria, dovrai collaborare con il negozio per ottenere l'autorizzazione e assicurarti uno spazio.

Promuovi l'evento.
Fai conoscere alle persone l'evento di firma del tuo libro attraverso il tuo sito web, i social media e la tua lista e-mail.
Puoi anche contattare i media locali per vedere se sono interessati a coprire l'evento.
Tieni molti libri a portata di mano.

Assicurati di avere abbastanza libri per tutti coloro che desiderano farsi autografare il proprio libro. Puoi anche vendere libri durante l'evento, quindi assicurati di avere un registratore di cassa o un bancomat a portata di mano. Prepara un tavolo e delle sedie affinché l'autore possa firmare i libri. Potresti anche voler avere un tavolo dove le persone possano lasciare i loro libri da firmare prima o dopo l'evento.

Tieni a portata di mano del materiale promozionale . Ciò potrebbe includere segnalibri, volantini o poster sul tuo libro.

Puoi anche regalare copie gratuite del tuo libro ai partecipanti. Prepara un piano per il controllo della folla. Se ti aspetti una grande folla, dovrai avere un piano per mantenere le persone in ordine. Ciò potrebbe includere avere qualcuno alla porta per controllare i biglietti o avere un sistema di fila in atto. Preparati a rispondere alle domande sul tuo libro. Probabilmente le persone avranno domande sul tuo libro, quindi preparati a rispondere. È inoltre possibile organizzare una sessione di domande e risposte alla fine dell'evento. Divertiti! Gli eventi di firma dei libri dovrebbero essere divertenti sia per l'autore che per i partecipanti. Quindi rilassati, divertiti e incontra nuove persone.

Ecco alcune delle differenze principali

tra un evento di firma di un libro e un lancio di un libro:

Pubblico: un evento di firma di un libro è generalmente rivolto ai fan dell'autore o del libro, mentre il lancio di un libro è generalmente rivolto a un pubblico più ampio, come i media, i professionisti del

settore e i potenziali
lettori.

Contenuto: un evento
di firma di libri è in
genere incentrato
sulla firma di libri da
parte dell'autore per i
fan, mentre il lancio
di un libro può
includere un discorso
dell'autore, una
sessione di domande
e risposte o altre
attività.

Promozione: un evento di firma di un libro viene generalmente promosso ai fan e ai follower dell'autore, mentre il lancio di un libro viene generalmente promosso a un pubblico più ampio.

Spero che aiuti!

COS'È UNA SESSIONE DI AUTOGRAFIA DI UN LIBRO?

Un autografo del libro è la firma di un autore su un libro. Spesso è accompagnato da un messaggio personale o da una dedica. Gli autografi dei libri sono spesso ricercati dai collezionisti, poiché possono essere un prezioso ricordo di un libro o di un autore preferito.

Esistono diversi modi per farsi autografare un libro. Un modo è partecipare a un evento di firma del libro, in cui l'autore autograferà i libri per i fan. Un altro modo è contattare direttamente l'autore e chiedergli di autografare un libro per te. A volte puoi anche trovare libri firmati nelle librerie o online.

Quando fai autografare un libro, ci sono alcune cose da tenere a mente.

Innanzitutto, assicurati di avere un libro scritto dall'autore. In secondo luogo, scegli una pagina vuota del libro da firmare. Terzo, sii rispettoso del tempo e dello spazio dell'autore. Infine, assicurati di ringraziare l'autore per il tempo e l'autografo.

Ecco alcuni consigli
per farsi autografare
un libro:

Porta il libro in
anticipo all'evento,
così non dovrai fare
la fila.
Sii educato e
rispettoso nei
confronti dell'autore.

Richiedi un messaggio personale o una dedica. Ringrazia l'autore per il suo tempo.

Ecco alcune cose da evitare quando si fa autografare un libro:

Non portare un libro danneggiato o sporco. Non chiedere all'autore di firmare

un libro che non ha
scritto.
Non chiedere
all'autore di firmare
un libro già firmato.
Non essere invadente
o esigente.

COME POSSO
PUBBLICIZZARE
EFFICACEMENTE
SU AMAZON.COM?

Esistono molti modi per fare pubblicità in modo efficace su Amazon.com. Ecco alcuni dei metodi più efficaci:

Prodotti sponsorizzati da Amazon: si tratta di un programma pubblicitario pay-per-click (PPC) che ti consente di visualizzare i tuoi prodotti nelle pagine dei risultati di ricerca di Amazon. Quando un acquirente cerca un prodotto simile al tuo, il tuo annuncio potrebbe essere visualizzato nella parte superiore della pagina dei risultati di ricerca.

Annunci display prodotti Amazon: si

tratta di annunci illustrati che compaiono nelle pagine dei dettagli del prodotto e nei risultati di ricerca del prodotto. Sono un buon modo per promuovere i tuoi prodotti agli acquirenti che sono già interessati a ciò che hai da offrire.

Annunci di ricerca titoli Amazon: si tratta di annunci di testo che vengono visualizzati nella parte superiore delle pagine dei risultati di ricerca di Amazon. Sono un buon modo per promuovere i tuoi prodotti agli acquirenti che cercano parole chiave specifiche.

Annunci video Amazon: si tratta di annunci video visualizzati sul sito Web e sull'app mobile di Amazon. Sono un buon modo per promuovere i tuoi prodotti presso gli acquirenti che cercano contenuti accattivanti e informativi.

Amazon Display & Video Creative Studio: questo è uno strumento self-service che ti consente di creare e gestire i tuoi annunci Amazon. È una buona opzione per le aziende che desiderano avere maggiore controllo sulle proprie

campagne
pubblicitarie.

Quando crei i tuoi
annunci Amazon, è
importante tenere
presente quanto
segue:

Indirizza i tuoi
annunci al pubblico
giusto: assicurati che
i tuoi annunci
vengano mostrati alle

persone che potrebbero essere interessate ai tuoi prodotti. Puoi farlo indirizzando i tuoi annunci in base a parole chiave, dati demografici e interessi.

Utilizza un testo pubblicitario chiaro e conciso: il testo pubblicitario deve essere chiaro e

conciso e dovrebbe evidenziare i vantaggi dei tuoi prodotti.
Utilizza immagini e video di alta qualità: le tue immagini e i tuoi video devono essere di alta qualità e pertinenti ai tuoi prodotti.
Tieni traccia dei tuoi risultati: è importante monitorare i risultati

dei tuoi annunci Amazon in modo da poter vedere cosa funziona e cosa no. Ciò ti aiuterà a ottimizzare le tue campagne e a ottenere il massimo dal tuo budget pubblicitario.

Seguendo questi suggerimenti, puoi fare pubblicità in

modo efficace su
Amazon.com e
raggiungere il tuo
pubblico di
destinazione.

UTILIZZARE LE TRADUZIONI COME STRUMENTI DI MARKETING

Ci sono molti
vantaggi nel tradurre

i tuoi libri in altre lingue. Eccone alcuni:

Raggiungi un pubblico più ampio: tradurre i tuoi libri in altre lingue ti consente di raggiungere un pubblico più ampio di potenziali lettori. Ciò può comportare un aumento delle

vendite e delle
royalties.
Aumenta la tua
visibilità: quando i
tuoi libri verranno
tradotti in altre
lingue, saranno più
visibili ai lettori di
tutto il mondo.
Questo può aiutarti a
costruire il marchio
del tuo autore e ad
attirare nuovi lettori.

Espandi il tuo mercato: tradurre i tuoi libri in altre lingue può aiutarti ad espandere il tuo mercato e a raggiungere nuovi canali di vendita. Ad esempio, potresti essere in grado di vendere i tuoi libri tradotti tramite rivenditori internazionali o club del libro in lingue straniere.

Ottieni esposizione a nuove culture: tradurre i tuoi libri in altre lingue può aiutarti ad acquisire esposizione a nuove culture. Questa può essere un'esperienza preziosa per te come autore e può anche aiutarti a entrare in

contatto con lettori di
altre culture.
Promuovi i tuoi libri:
tradurre i tuoi libri in
altre lingue può
aiutarti a promuovere
i tuoi libri in nuovi
mercati. Puoi farlo
partecipando a fiere e
festival del libro,
rilasciando interviste
ai media stranieri e
promuovendo i tuoi
libri attraverso i

social media e altri canali online.

Se stai pensando di tradurre i tuoi libri in altre lingue, ci sono alcune cose che dovresti tenere a mente. Innanzitutto, devi assicurarti che i tuoi libri siano ben scritti e che siano di alta qualità. Devi anche assicurarti di trovare un'agenzia di traduzione rispettabile che possa tradurre i tuoi libri in modo accurato e professionale.

Tradurre i tuoi libri in altre lingue può essere un ottimo modo per raggiungere un pubblico più ampio, aumentare la tua visibilità ed espandere il tuo mercato. Se prendi sul serio la tua carriera di scrittore, è qualcosa da considerare.

CONCORRENTI/ALTERNATIVE DI AMAZON

Ecco 10 editori indipendenti

alternativi ad
Amazon:

Barnes & Noble
Press: è un editore
tradizionale che offre
un'ampia gamma di
servizi, tra cui
editing, marketing e
distribuzione.
   CreateSpace : è una
piattaforma di
autopubblicazione
che consente agli

autori di pubblicare e vendere i propri libri tramite Amazon.

IngramSpark : è un editore print-on-demand (POD) che consente agli autori di pubblicare e vendere i propri libri attraverso una varietà di rivenditori, incluso Amazon.
Lulu: È un editore POD che consente

agli autori di pubblicare e vendere i propri libri in una varietà di formati, tra cui carta stampata, eBook e audiolibri.
Pear Press: è un editore tradizionale che si concentra sulla pubblicazione di libri per bambini e giovani adulti.
Prometheus Books: è un editore senza

scopo di lucro che
pubblica libri su una
varietà di argomenti,
tra cui scienza,
filosofia e politica.
Small Press
Distribution: è un
distributore che
collabora con editori
indipendenti per
portare i loro libri
nelle librerie e nelle
biblioteche.

Smashwords : è un editore POD che consente agli autori di pubblicare e vendere i propri eBook attraverso una varietà di rivenditori, incluso Amazon.
Unbound Books: è un editore in crowdfunding che consente agli autori di raccogliere fondi

per pubblicare i propri libri.

WordPress : è un sistema di gestione dei contenuti che consente agli autori di creare e pubblicare i propri siti Web.

Questi sono solo alcuni dei tanti editori indipendenti disponibili. Quando si sceglie un editore, è importante considerare le proprie esigenze e obiettivi. Vuoi lavorare con un editore tradizionale che offra più servizi o vuoi autopubblicare e avere un maggiore controllo sul processo? Vuoi pubblicare su carta stampata o in eBook? Dopo aver considerato le tue esigenze, puoi iniziare a cercare gli editori per trovare quello più adatto a te.

COME POSSO PUBBLICIZZARE EFFICACEMENTE SU AMAZON.COM?

Esistono molti modi per fare pubblicità in modo efficace su

Amazon.com. Ecco alcuni dei metodi più efficaci:

Prodotti sponsorizzati da Amazon: si tratta di un programma pubblicitario pay-per-click (PPC) che ti consente di visualizzare i tuoi prodotti nelle pagine dei risultati di ricerca di Amazon. Quando un acquirente cerca un prodotto simile al tuo, il tuo annuncio potrebbe essere visualizzato nella parte superiore della pagina dei risultati di ricerca.

Annunci display prodotti Amazon: si tratta di annunci illustrati che compaiono nelle pagine dei dettagli del prodotto e nei risultati di ricerca del prodotto. Sono un buon modo per promuovere i tuoi prodotti agli acquirenti che sono già interessati a ciò che hai da offrire. Annunci di ricerca titoli Amazon: si tratta di annunci di testo che vengono visualizzati nella parte superiore delle pagine dei risultati di ricerca di Amazon. Sono un buon modo per promuovere i tuoi prodotti agli acquirenti che cercano parole chiave specifiche.

Annunci video Amazon: si tratta di annunci video visualizzati sul sito

Web e sull'app
mobile di Amazon.
Sono un buon modo
per promuovere i tuoi
prodotti presso gli
acquirenti che
cercano contenuti
accattivanti e
informativi.
Amazon Display &
Video Creative
Studio: questo è uno
strumento self-
service che ti

consente di creare e gestire i tuoi annunci Amazon. È una buona opzione per le aziende che desiderano avere maggiore controllo sulle proprie campagne pubblicitarie.

Quando crei i tuoi annunci Amazon, è importante tenere

presente quanto
segue:

Indirizza i tuoi
annunci al pubblico
giusto: assicurati che
i tuoi annunci
vengano mostrati alle
persone che
potrebbero essere
interessate ai tuoi
prodotti. Puoi farlo
indirizzando i tuoi
annunci in base a

parole chiave, dati demografici e interessi.

Utilizza un testo pubblicitario chiaro e conciso: il testo pubblicitario deve essere chiaro e conciso e dovrebbe evidenziare i vantaggi dei tuoi prodotti. Utilizza immagini e video di alta qualità: le tue immagini e i

tuoi video devono essere di alta qualità e pertinenti ai tuoi prodotti.
Tieni traccia dei tuoi risultati: è importante monitorare i risultati dei tuoi annunci Amazon in modo da poter vedere cosa funziona e cosa no. Ciò ti aiuterà a ottimizzare le tue

campagne e a ottenere il massimo dal tuo budget pubblicitario.

Seguendo questi suggerimenti, puoi fare pubblicità in modo efficace su Amazon.com e raggiungere il tuo pubblico di destinazione.

QUALI SONO I VANTAGGI E GLI SVANTAGGI DELLA SERIALIZZAZIONE DI UN LIBRO?

Ci sono sia vantaggi che svantaggi nel serializzare un libro.

Vantaggi:

Crea anticipazione: la serializzazione di

un libro può aiutare a creare anticipazione per il prodotto finale. Questo perché i lettori aspetteranno con impazienza la prossima puntata, il che può aiutare a creare un senso di eccitazione e suspense.

Aumenta il coinvolgimento: la serializzazione di un

libro può anche aiutare ad aumentare il coinvolgimento con i lettori. Questo perché i lettori saranno più propensi a tornare a leggere il libro se sanno che ci saranno più contenuti in arrivo.

Consente il feedback: la serializzazione di un libro può anche consentire il feedback dei lettori. Questo perché i lettori possono condividere i loro pensieri e opinioni sul libro mentre viene pubblicato, il che può aiutare l'autore a migliorare il libro.

Svantaggi:

Scrivere una serie può essere difficile tenere il passo. Può essere difficile tenere il passo con la serializzazione di un libro, soprattutto se il libro è lungo o complesso. Questo perché i lettori si aspetteranno regolarmente nuovi contenuti e l'autore dovrà essere in grado di soddisfare tale aspettativa.

Può essere difficile da commercializzare: pubblicare in serie un libro può essere difficile da commercializzare, soprattutto se il libro non è molto conosciuto. Questo perché i lettori potrebbero non essere consapevoli che il libro verrà serializzato e potrebbero non essere interessati a iniziare un libro che sanno che non saranno in grado di finire immediatamente.

Può essere difficile da portare a termine: la serializzazione di un libro può essere difficile da portare a termine, soprattutto se l'autore perde interesse per il progetto o se incontra ostacoli creativi. Questo perché l'autore dovrà essere in grado di restare fedele al progetto fino al suo completamento, anche se ci vuole molto tempo.

In definitiva, la decisione se serializzare o meno un libro è personale. Ci sono sia vantaggi che svantaggi da considerare e l'opzione migliore per te dipenderà dalle tue esigenze e obiettivi specifici.

Ecco alcuni aspetti aggiuntivi da

considerare quando si decide se serializzare o meno un libro:

Il genere del libro: alcuni generi sono più adatti alla serializzazione rispetto ad altri. Ad esempio, la narrativa serializzata può essere un ottimo modo per creare

attesa e suspense, mentre la saggistica serializzata può essere un ottimo modo per fornire ai lettori aggiornamenti regolari su un particolare argomento.
Il tuo pubblico di destinazione: anche il tuo pubblico di destinazione avrà un ruolo nella decisione

se serializzare o meno il tuo libro. Se il tuo pubblico di destinazione è composto da persone abituate a consumare contenuti in un formato serializzato, allora serializzare il tuo libro potrebbe essere una buona opzione. Tuttavia, se il tuo pubblico di destinazione non è

abituato a consumare contenuti in un formato serializzato, serializzare il tuo libro potrebbe non essere l'opzione migliore.
Le tue preferenze: in definitiva, la decisione se serializzare o meno un libro è personale. Se ti senti a tuo agio con l' idea di

serializzare il tuo
libro e pensi che sia il
modo migliore per
raggiungere il tuo
pubblico di
destinazione, allora
provaci. Tuttavia, se
non ti senti a tuo agio
con l'idea di
serializzare il tuo
libro o pensi che non
sia il modo migliore
per raggiungere il tuo

pubblico target,
allora non farlo.

ALTRI LIBRI DELLO STESSO AUTORE

1. DIECI CASI IN CUI UN UOMO NON DEVE OBBEDIIRE A SUA MOGLIE.
2. COME TRATTARE SENZA SPIETA' CON GLI SPIRITI FAMIGLIARI.

3.   IL MODO PIÙ VELOCE PER DISCEPOLARE LE PERSONE.

4.   COME AFFRONTARE SPIETATAMENTE LO SPIRITO DI ASCENDERE E DI CADERE

5.   COSA CHIEDERA' DIO AI PASTORI NEL GIORNO DEL GIUDIZIO?

6.   GLI ERRORI PIÙ GRANDI CHE FANNO I GIOVANI DI OGGI

7.   LE ARMI PIÙ GRANDI

CHE GESÙ CI
HA DATO

8.   COME DARE
RESPONSABILI
TÀ AI TUOI
FIGLI.

9.   COME
AFFRONTARE
SPIETATAMEN
TE LO SCIOLTO
IMPROVVISO
DI TUA
MOGLIE.

10.   PERCHÉ HO ELIMINATO CHATGPT DAL MIO TELEFONO.

11.   COME AFFRONTARE SPIETATAMEN TE I MALI CHE COLPISCONO DI NOTTE

SFRUTTAMENT
O.

15.   COME
SAPERE SE
UNA RAGAZZA
E' UNA
MATERIALE
CASALINGA

CIRCA L'AUTORE

Nel corso degli anni, New Dimensions Ministries ha insegnato l'Intelligenza Finanziaria ai suoi studenti. Il motivo è che il Ministero ha solo 3 gambe, vale a dire; Integrità, Unzione ed Evangelizzazione.